CW01582097

Babar Characters™ and © 1998 Laurent de Brunhoff
Licensed by Nelvana Limited and The Clifford Ross Company Ltd.
Réalisée à partir de la série d'animation « Babar »
Une présentation Nelvana-Ellipse
Une production de Nelvana en association avec The Clifford Ross Company , Ltd.
Conception et réalisation de l'ouvrage, Hachette Livre
Édition : Hachette Livre © 1999 pour la présente édition
Adaptation de l'image : Jean-Claude Gibert, d'après les personnages créés
par Jean et Laurent de Brunhoff

Imprimé en France par I.M.E.
Relié par AGM - Forges-les-Eaux
Dépôt légal n° 61267 - Juin 2005
22.3932.5/05 - ISBN : 2.01.223932-3
Loi n° 49-956 du 16 juillet 1949
sur les publications destinées à la jeunesse.

Mes premières histoires de BABAR pour chaque soir de la semaine

HACHETTE Jeunesse

SOPETOZA
LUNDI

Le choix de
BABAR

C'est le jour du grand bal annuel au Palais.
Tout Célesteville attend l'événement avec impatience.
Babar, quant à lui, se réjouit à l'idée de danser avec Céleste.
Malheureusement, Cornélius lui apporte une mauvaise nouvelle :
– Babar, la princesse Mira, la fille du roi des gorilles, sera ta cavalière ce soir. Tu ne peux malheureusement pas refuser.
– Oh non ! lui répond Babar. Comment vais-je l'annoncer à Céleste ?

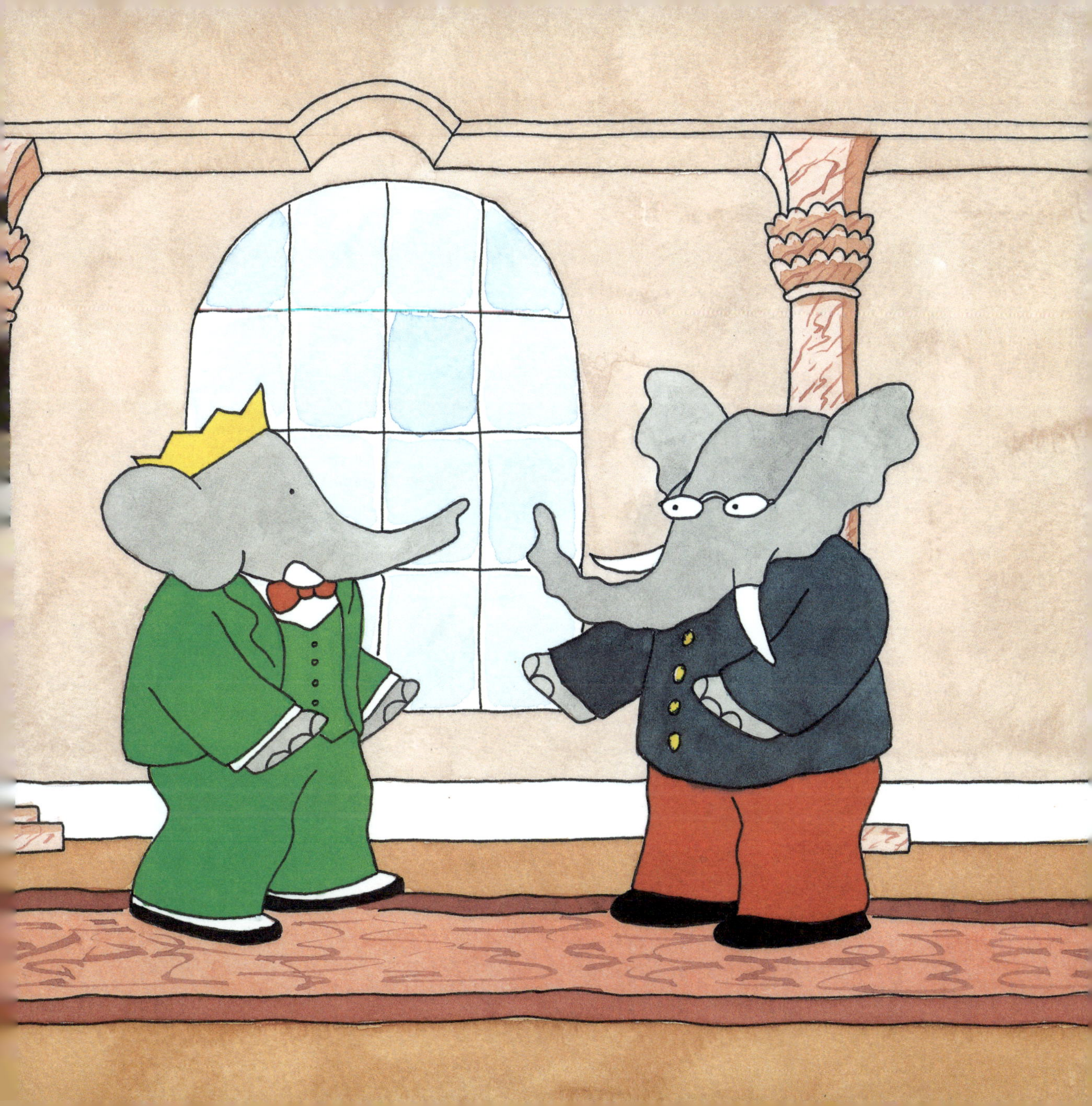

Accompagné de Zéphir, Babar décide aussitôt d'aller parler à Céleste.
– Euh, eh bien voilà, commence Babar.
– Que penses-tu de ma robe ? répond Céleste, en faisant un tour sur elle-même.
– Euh, très jolie. Mais, voilà. Je suis venu te dire que..., que... cette fleur est pour toi.
Zéphir n'en croit pas ses oreilles.
– Je n'ai pas pu lui dire la vérité, Zéphir !

Juste avant que le bal ne débute, Arthur dit à Babar :
– Tu as vu la tête du roi des gorilles. Il n'a pas l'air commode. J'espère pour toi que tu as tout expliqué à Céleste.
– Non Arthur, répond Babar, mais j'ai une idée... et vous verrez que la reine de la soirée ne sera pas tout à fait celle que l'on croit.
A nouveau, perplexe, Zéphir se gratte la tête.
– Je ne suis pas sûr que nous rirons beaucoup, ce soir..., s'inquiète-t-il.

Au cœur de la nuit, les invités se pressent autour de la piste de danse.
Babar ouvre le bal avec la princesse Mira.
– Babar, dit-elle, je suis si fière d'être votre reine ce soir.
Babar rejoint ensuite Céleste et danse une valse avec elle.
– Je suis tellement heureuse d'être la reine du bal, chuchote Céleste.
– Aïe ! Aïe ! pense Babar. Que vais-je devenir quand elles sauront la vérité...

La musique vient de s'arrêter, et le moment est venu pour Babar de désigner la reine du bal.
Ses deux cavalières l'attendent au milieu de la piste, le cœur battant.
– La reine de la soirée, proclame-t-il, est..., est...
... mon amie, la vieille dame.
Les invités, surpris mais ravis, applaudissent le choix de Babar.

– Ce n'était pas facile de faire plaisir à deux cavalières en même temps, avoue Babar à Céleste.
– Bien sûr, Babar. Mais pourquoi ne pas m'avoir mise au courant dès le début ?
– J'ai bien essayé, répond Babar, mais je craignais de te faire de la peine.
– Allez, n'y pensons plus, conclut Céleste. Et puis, la vieille dame fait une si jolie reine d'un soir...

Bonne nuit

MARDI

BABAR

à la conquête de la Lune

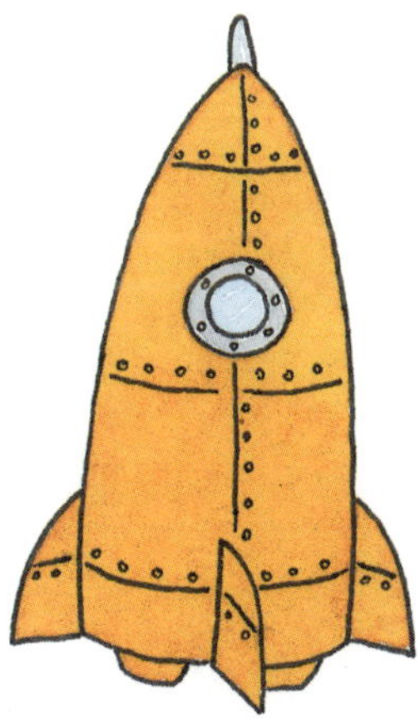

Un immense incendie s'est déclaré dans la salle des fêtes de Célesteville. Aussitôt prévenus, les pompiers accourent pour éteindre le feu. Hélas, malgré leurs efforts, il ne reste bientôt plus qu'un bâtiment en ruine.
– Te souviens-tu, Babar, lorsque nous dansions ensemble dans cette salle si belle ? dit tristement la vieille dame.
– Oui, bien sûr. Mais je vous promets que j'entreprendrai tout pour sauver cet endroit, répond Babar.

– Si tous les habitants de Célesteville se mettent
à l'ouvrage, nous pourrons très bientôt écouter à nouveau
de la musique et danser ici, explique Babar à ses amis.
Sur-le-champ, tous se mettent de bon cœur au travail.
Tous, sauf ce coquin d'Arthur qui a l'air d'emporter
beaucoup de matériel bien loin du palais des fêtes.
En effet, Arthur a l'intention de construire une fusée
pour aller sur la Lune.
Mais Babar a découvert son manège.

Mais bien vite les habitants de Célesteville s'enthousiasment pour la fusée d'Arthur.
– Oui, oui, aidons-le à construire sa machine, aidons-le à marcher sur la Lune.
Babar, lui, préfère travailler sur les plans du palais des fêtes.
Non loin de là, caché derrière les buissons, Rataxès envieux, observe la scène...

– Si ces éléphants peuvent construire une fusée,
les rhinocéros le peuvent aussi, pense Rataxès.
C'est moi qui poserai le premier le pied sur la Lune.
Sans plus attendre, le roi des rhinocéros demande
à ses ingénieurs de lui fabriquer une fusée.
Aussitôt ordonné, aussitôt fait, et bientôt Rataxès s'installe
majestueusement aux commandes de l'appareil.
Mais aussitôt envolée, aussitôt retombée, la fusée s'écrase
lamentablement et Rataxès n'a plus qu'à ouvrir
son parachute.

Entre-temps, Cornélius a appris la nouvelle : Rataxès a construit une fusée. Rataxès va s'envoler pour la Lune.
– Hâtons-nous ! hâtons-nous ! dit-il aux éléphants.
Et le malheureux s'installe dans la fusée d'Arthur.
La fusée est baptisée. Arthur allume la mèche. Le compte à rebours peut commencer : 5, 4, 3, 2, 1, Partez...

La fusée s'élance et s'écrase aussitôt. Le pauvre Cornélius, tout secoué, se dégage cahin-caha d'un amas de débris.
– Mais qui a eu cette idée grotesque de conquérir la Lune ? s'exclame-t-il.
– Je ne sais plus très bien, répond Babar en riant. L'essentiel, c'est que tu sois sain et sauf.
– Nous avons eu tort, Babar, conviennent tous les éléphants, un peu penauds. La Lune n'est pas encore à notre portée. En revanche, la salle des fêtes nous attend toujours. Si nous voulons à nouveau y danser, hâtons-nous plutôt d'aller la reconstruire.

Bonne nuit

SORETOZA
MERCREDI

BABAR
au spectacle

Babar et ses amis accueillent Mlle Sorétoza, la grande danseuse étoile qui a gentiment accepté de venir donner une représentation à Célesteville.
– Madame, nous sommes très honorés..., commence Babar.
– Je sais, je sais, répond-elle sèchement. Mon voyage m'a épuisée. Laissez-moi rejoindre mes appartements...
Un peu surpris, Babar et Céleste ne peuvent rien ajouter car, hop !, en trois entrechats, l'oiseau s'est envolé.

Mlle Sorétoza n'est pas quelqu'un de facile. Elle ne cesse de se plaindre. Et quand elle se plaint, elle fait l'autruche !

– Vous n'êtes qu'un incapable, crie-t-elle au metteur en scène.

– Et voilà ! soupire Babar. Après l'habilleuse, la maquilleuse, c'est au tour du metteur en scène d'être renvoyé. N'arrêtera-t-elle donc jamais ?

– Désormais, Babar, vous serez mon metteur en scène, ordonne la danseuse.

SORETOZA

Pendant ce temps, au pays des rhinocéros, Mme Rataxès rêve de voir Mlle Sorétoza sur scène.
– Rataxès, tu viendras avec moi, ordonne-t-elle à son mari.
– Voyons, ma douce, tu n'y penses pas ! Et que diraient mes soldats s'ils me voyaient regarder des ballets et écouter de la musique de mauviette ! Je n'irai pas, un point c'est tout.
– Alors là, mon petit, c'est ce que nous verrons.
Dès le lendemain, Mme Rataxès assistait à la première répétition de l'étoile.

Céleste participe elle aussi au spectacle. Un peu intimidée, elle fait ses premiers pas devant Mlle Sorétoza.
– J'espère que vous avez travaillé durement, ma chère, persifle la danseuse.
– Oh, oui, répond Céleste en effectuant une gracieuse pirouette.
– Ne perdez pas votre temps. Vous devriez peut-être vous mettre au chant, se moque méchamment l'étoile.
– Cette fois, elle va trop loin, s'exclame Babar.

La veille de la représentation, l'inévitable se produit.
– Cette fois, c'en est trop, hurle Mlle Sorétoza, le chef d'orchestre a sauté une mesure et le danseur étoile vient de m'écraser le pied.
Babar sent qu'il va perdre patience. Il ne reste désormais plus personne dans la troupe et Mlle Sorétoza refuse de danser avec des amateurs. Très en colère, Babar décide de se passer des services de la danseuse.
Mais comment remplacer le chef d'orchestre, le danseur et... Mlle Sorétoza ?

– Je serai éclairagiste, dit Arthur.
– Et moi, chef d'orchestre, ajoute Cornélius.
– Moi, maquilleuse, moi décorateur, moi régisseur, déclarent, ravis, tous les amis de Babar.
– Toi, Céleste, tu seras danseuse étoile, dit Babar. Mais qui sera le partenaire de Céleste ?
– C'est moi ! hurle Rataxès. Je veux faire une surprise à ma femme. Mais ne le dites surtout pas à mes soldats...

En effet, quelle surprise pour Mme Rataxès de découvrir son mari sur scène.
– Bravo ! bravo ! Quelle souplesse ! Quelle grâce ! Quel rhinocéros ! s'exclame-t-elle du haut de sa loge.
Dans les bras de Rataxès, Céleste est très gracieuse.
Le public qui a complètement oublié Mlle Sorétoza acclame nos deux danseurs. Babar, lui, est fier de tous ses amis.
Le spectacle est un triomphe.
– Encore ! Encore ! clament les spectateurs pendant que le rideau se referme.

Bonne nuit

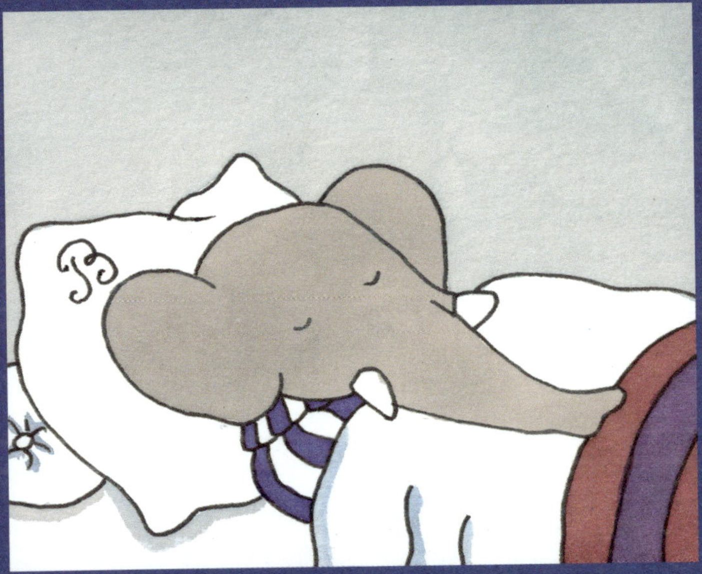

SORETOZA
JEUDI

BABAR

et l'affaire de la couronne

Demain est un grand jour pour Babar.
C'est l'anniversaire de son couronnement.
Pour être bien en forme, Babar décide de se coucher très tôt. Au bout de quelques instants, il dort déjà profondément, quand un personnage masqué entre dans sa chambre sans faire de bruit, et s'empare de sa précieuse couronne.

Le lendemain matin, lorsque Zéphir arrive
dans la chambre de Babar, la pièce est sens dessus dessous.
– Mais que se passe-t-il donc ici ? demande Zéphir, intrigué.
– Ma couronne a disparu, lui explique Babar.
Je l'ai cherchée partout, mais rien...
Pour l'aider, Zéphir sort sa loupe et guette
le moindre indice.
– Comment fêter un jour comme celui-ci,
si je n'ai pas ma couronne ? s'inquiète Babar.
– Rassure-toi, Babar,
lui dit Zéphir.
A nous deux,
nous allons bien
la retrouver
ta couronne.

– Regarde, Babar, le palais est bien gardé, dit Zéphir en désignant deux gardes. Aucun inconnu n'a pu entrer ici sans être vu. A mon avis, le voleur de la couronne est plutôt parmi nous !
– Ce que tu dis là est impossible, répond Babar. Et il décide alors de demander son avis à Cornélius. Curieusement, loin de le rassurer, Babar trouve la réponse du vieux sage bien étrange...

Zéphir est sûr et certain que quelqu'un en veut à Babar.
– Cornélius est mon suspect numéro un !
Allons l'espionner, propose Zéphir à Babar.
Ils se cachent alors sous la fenêtre du salon, et quelle n'est pas leur surprise quand ils découvrent une étrange créature masquée qui s'approche de Cornélius.
– Regarde, je te l'avais bien dit, s'écrie Zéphir.
C'est un complot. Je suis sûr qu'il y a une bombe dans ce paquet.

– Allons, ne dis pas de bêtises. Nous devons savoir au plus vite qui est la créature masquée, dit Babar à Zéphir.
Et là, la stupeur est totale. Derrière le masque, sous le grand manteau, se cachait... la reine Céleste !
Sans mot dire, confuse d'avoir été découverte, Céleste s'enfuit aussitôt.

Babar se sent bien seul. Que vient faire Céleste dans cette histoire ?

– Il n'y a plus qu'une personne à qui je puisse demander conseil, c'est la vieille dame. Allons lui rendre visite.

– Excuse-moi, dit-elle à Babar sur le pas de sa porte, mais tu ne peux pas entrer. Reviens plus tard...

– Mais que se passe-t-il donc enfin ? se demande Babar. Pourquoi mes amis sont-ils si étranges aujourd'hui ?

Quelques heures plus tard, quand Babar et Zéphir rentrent au palais, une nouvelle surprise les attend. Mais bien agréable, cette fois.
– Vive Babar ! crient en chœur Cornélius, la vieille dame, Céleste, Arthur et les enfants, rassemblés autour d'un superbe buffet.
Et lorsque Céleste offre à Babar une boîte enrubannée, il comprend enfin qu'elle ne renferme pas une bombe mais sa couronne, sur laquelle sont gravés ces mots : « Au roi Babar, notre ami à tous pour la vie. »

Bonne nuit

VENDREDI

BABAR

et le fantôme de l'Opéra

Babar est venu passer quelques jours à Paris avec son amie la vieille dame. Après le dîner, fatiguée par le voyage, elle est allée se coucher. Babar, lui, a décidé de se promener. Il arrive bientôt devant l'Opéra. Les gens racontent qu'un fantôme se cacherait dans ce grand théâtre. Mais les fantômes n'existent pas, songe Babar, amusé. Au même instant, dans le noir, une forme surgit devant lui.

– Qu'est-ce que c'est ? se dit-il.

– Miaou... Miaou...

– C'est seulement un petit chat que je viens d'effrayer bien malgré moi, pense Babar en souriant.

Babar entre sans bruit dans la grande salle de l'Opéra.
Il avance lentement jusqu'à la scène, et frôle le grand rideau de velours.
Quand, tout à coup, le plancher craque et s'ouvre sous ses pieds.
Et c'est la chute dans le vide.
Heureusement, Babar a juste eu le temps d'agripper une corde.
– Eh bien, je l'ai échappé belle ! se dit-il, un peu essoufflé.

La musique s'est maintenant arrêtée. Seules quelques chauves-souris semblent habiter ce lieu bien mystérieux. De plus en plus intrigué, Babar poursuit son chemin. Tout à coup, une voix vient rompre le silence :

– Que faites-vous là ? Je suis le fantôme de l'Opéra… et nul ne doit jamais venir me déranger ici.

– Vous êtes vraiment le fantôme de l'Opéra ? répond Babar.

– Vous allez le savoir tout de suite. Suivez-moi…

Quelques minutes plus tard, après être passé par des couloirs secrets, Babar se retrouve dans un grand salon très élégamment décoré.

Le fantôme enlève alors sa cape et son masque.

– Vous n'êtes pas un fantôme ! s'exclame Babar.

– Mais non, bien sûr, répond l'inconnu en souriant.

– Alors c'est vous que j'ai entendu jouer du piano ? demande Babar.
– Oui, c'est moi, répond le musicien en s'installant à son piano.
– Mais pourquoi vous cachez-vous ici, ainsi déguisé ?
– Seulement pour que l'on me laisse en paix. J'ai décidé de rester ici, seul, avec ma musique et mes souvenirs. Mais c'est une longue histoire... J'ai composé cette musique pour une jeune femme que j'ai beaucoup aimée autrefois.

Dès le lendemain, Babar, très ému par la découverte qu'il vient de faire, raconte son histoire à la vieille dame.

– Eh bien vois-tu, Babar, cette femme qui l'a inspiré, c'est moi ! dit-elle, humblement.

– Comment ! C'est donc vous sur la photo que j'ai aperçue dans son salon ?

– Eh oui, Babar, c'est moi. Tu sais, c'était il y a si longtemps. Mais moi aussi, j'ai toujours gardé une photo de cette époque. Et cela me fait chaud au cœur que tu aies retrouvé mon cher ami.

Bonne nuit

SAMEDI

BABAR

dans la course

Comme chaque année, Célesteville accueille une grande course de tandems.
Tous les concurrents sont en place et attendent le signal du départ.
Une foule importante est venue encourager les sportifs, surtout Babar et Arthur qui ont fière allure dans leur nouvelle tenue.
– Vive Babar ! Vive Arthur ! crient les éléphants, enthousiastes.

DÉPART

Ils sont très nombreux à participer à ce tour de Célesteville.
Sur la ligne de départ, il y a l'équipe des girafes,
des gorilles, des hippopotames, puis celle des tortues
et celle des panthères. Bien sûr, il y a aussi celle
des rhinocéros avec Rataxès et son fidèle serviteur Basile.
A vos marques… Prêts… Partez… Et que le meilleur gagne !

Les panthères sont en tête, et ce que les autres concurrents ne savent pas, c'est qu'elles sont prêtes à tricher pour gagner la coupe. Pour semer leurs concurrents, elles ont inversé le sens du panneau de direction avant le départ.

– Le tour est joué. Ces imbéciles vont aller à gauche au lieu d'aller à droite, dit l'une d'elles.

– Et ils iront droit dans le fleuve, ajoute l'autre en riant.

CÉLESTEVILLE

Tous les concurrents sont tombés dans l'eau excepté Babar et Rataxès qui, eux, connaissent bien la route. Mais les panthères ne sont pas prêtes à abandonner la partie. Voilà maintenant qu'elles déversent de l'huile sur la chaussée.

– Attention ! crie Babar à Arthur qui essaie de freiner. Mais trop tard. Bing ! Bang ! Nos deux amis font une chute spectaculaire.

– Aïe ! ouille ! gémissent Rataxès et Basile qui, eux aussi, sont tombés par terre.

Catastrophe ! Arthur et Basile sont un peu assommés.
Ils ne peuvent plus continuer la course.

– Et voilà… Sans Basile, je suis tout seul. La coupe ne sera pas au bout de ma corne, se lamente Rataxès.

– Et si nous faisions équipe tous les deux ? demande Babar à Rataxès.

– C'est une bonne idée, répond Rataxès. Après tout, nous sommes amis.

– Alors en route ! Et à nous la coupe ! dit Babar en grimpant sur le tandem.

Babar et Rataxès pédalent à toute allure et rattrapent vite les panthères. Ils sont maintenant côte à côte.

– Vous n'avez pas honte d'être encore plus tricheuses que le roi des rhinocéros, hurle Rataxès en colère.

Toujours sur son tandem, il empoigne l'une des panthères.

– A nous deux, espèce de grosse fourrure mitée !

– Non, Rataxès ! crie Babar. Tu nous déséquilibres !

Trop tard… Les deux tandems viennent percuter un arbre.
– Maintenant, personne ne gagnera, dit Babar en regardant son vélo.
Mais qui voit-il arriver à l'horizon ? Arthur et Basile, remis de leur émotion, qui foncent à la vitesse du vent.
– Vas-y, Arthur, crie Babar. Rattrape ces maudites panthères !
– Fonce, mon bonhomme, hurle Rataxès à Basile.
Bravo ! Ils ont gagné ! Les panthères, elles, sont furieuses.
– Hourra ! Hourra ! Vive Arthur et Basile !

ARRIVÉE

Bonne nuit

DIMANCHE

BABAR

sur l'île déserte

Babar a décidé de partir en voyage avec ses enfants.
Aux commandes d'un splendide voilier, *La Célestine,*
il passe en revue son équipage.
« Tout le monde sur le pont ! crie-t-il.
Zéphir, tu prendras le poste de vigie. Et Cornélius,
tu te mettras à la barre. »
Le petit singe s'empresse de grimper en haut du mât.
Quant à Cornélius, il n'est pas peu fier de diriger
un si beau bateau. Pour oublier son léger mal de mer,
il chante une vieille chanson de marins apprise
il y a très longtemps.

Pendant ce temps-là, dans la cale de *La Célestine,* se passent de drôles de choses. Rataxès a embarqué en cachette, comme passager clandestin.
« Et pourquoi Babar serait-il le seul roi à conquérir le monde ? grogne Rataxès. De toute façon, j'adore les voyages organisés. Il n'a même pas voulu de moi dans son équipe, il va le regretter ! » poursuit-il.
Et aussitôt, hache en main, Rataxès fait un beau trou dans la coque du navire.

Soudain, le ciel s'obscurcit. De gros nuages se rassemblent et les vagues deviennent de plus en plus hautes.
« Avis de tempête ! » annonce Babar.
Cornélius fait de son mieux pour diriger le bateau sur la mer déchaînée, mais *La Célestine* craque de toutes parts et l'eau rentre par le trou fait par Rataxès dans la coque. Du haut de son mât, Zéphir n'en peut plus de tanguer. Il redescend juste au moment où une vague gigantesque précipite le bateau sur une île.
« Malheur ! Nous venons d'échouer sur la terrible île du Crâne… » constate Cornélius.

Le bateau est sérieusement endommagé. Babar et Cornélius examinent les dégâts.
« Ce trou me paraît vraiment suspect, » murmure Babar.
A ce moment, sous un tas de planches, il découvre Rataxès :
« Toi ici, Rataxès ! s'écrie Babar. Alors, le trou dans la coque, c'était toi ! »
Mais Cornélius a remarqué quelque chose d'encore plus inquiétant :
« Regardez ces empreintes gigantesques ! » s'exclame-t-il.
Le monstre de l'île du Crâne, dont Babar a entendu parler avant son départ, ne doit pas être loin.

Babar et son équipage construisent le campement.
« Il faudra établir des tours de garde, dit Babar. Et si le monstre approche, n'oubliez pas de donner l'alerte ! »
Cornélius se propose pour le premier tour.
« Tu peux compter sur moi, Babar, affirme-t-il. Tant que je veillerai, personne n'approchera du camp, foi de Cornélius. »
Mais la nuit est trop noire et le sommeil gagne Cornélius.
Il dort si profondément qu'il n'entend pas le monstre arriver !

Au petit jour, Cornélius découvre les traces du monstre tout autour du camp. Honteux, il décide de grimper à la grotte du Crâne :

« Je pars rencontrer cet horrible monstre et voir ce qu'il nous veut.

– Non, Cornélius, c'est trop risqué ! » insiste Babar.

Mais il n'y a rien à faire : Cornélius est têtu et il est déjà loin.

Arrivé à la grotte, une voix rauque l'accueille :

« Enfin , voilà quelqu'un qui vient me voir ! J'ai tellement besoin d'un ami ! » soupire le monstre.

Cornélius, attendri, lui répond :

« Tu m'as l'air plutôt gentil. Viens, je vais te présenter mes amis. »

Entre-temps, les réparations de *La Célestine* sont terminées. Rataxès a pris une part très active aux travaux : cette île ne lui inspire qu'à moitié confiance…
Soudain la terre se met à trembler et un terrible hurlement résonne. Tout le monde est prêt à se défendre.
Mais Babar s'écrie :
« Regardez ! Le monstre n'est pas seul ! Il est accompagné par Cornélius !
– Il ne faut pas se fier aux apparences ! déclare Cornélius, tout content. En vérité, ce monstre est doux comme un agneau… »
Tout le monde embarque sur le navire et salue le monstre :
« Au revoir, Gentil Monstre, nous reviendrons bientôt te voir ! »

Bonne nuit